Wie Tine ihre Eltern bekam

gemalt von Ilon Wikland
erzählt von Malene Schwartz
Aus dem Dänischen von Angelika Kutsch

Ravensburger Bilderbücher – Preiswerte Reihe

Otto Maier Verlag Ravensburg

Das ist ein Mädchen.
Es hat helle Haare
und rote Backen.
Es wohnt bei seiner Mama.
Seine Eltern sind geschieden.

Das ist ein Junge.
Er hat schwarze Haare
und dunkle Haut.
Er wohnt bei seiner Mama und seinem Papa.

Das ist ein Mädchen.
Es hat braune Haare
und schräge Augen
und einen Zwillingsbruder.
Der hat auch braune Haare
und schräge Augen.
Sie wohnen bei ihrer Mama
und ihrem Papa.

Das ist ein Junge.
Er hat helle Haare
und blaue Augen,
und seine Ohren
stehen ein bißchen ab.
Er wohnt bei seiner Mama.
Sein Papa ist tot.

Das ist ein Mädchen.
Es hat rote Haare
und viele Sommersprossen.
Es ist ein Adoptivkind.
Es wohnt bei seiner Mama
und seinem Papa.

Nun möchtest du sicher wissen,
was ein Adoptivkind ist.
Ich will es dir erzählen.
Du weißt ja,
daß alle Kinder zuerst
im Bauch ihrer Mama wachsen,
nicht wahr?

Du bist auch
aus dem Bauch deiner Mama gekommen,
als du noch ganz klein warst.

Ein Adoptivkind
ist zuerst im Bauch seiner Mama.
Aber später bekommt es eine andere Mama.

So war das bei dem Mädchen mit den roten
Haaren und den vielen Sommersprossen.
Es ist also ein Adoptivkind.

Und jetzt will ich dir die Geschichte erzählen,
wie Tine ihre Eltern bekam.

Es waren einmal
ein Mann und eine Frau,
die hatten sich sehr lieb.
Sie wohnten in einem kleinen Haus
mit einem roten Dach.
Und sie hatten einen hübschen Garten
mit grünen Bäumen
und vielen Blumen.
Außerdem hatten sie
zwei Hunde,
die hießen Tips und Taps.
Die Hunde machten dem Mann und
der Frau viel Spaß.
Trotzdem waren sie nicht
richtig glücklich,
denn sie hatten keine Kinder.
Aber...

…vielleicht gab es irgendwo
ein anderes Kind,
das keine Mama und keinen Papa hatte?
Der Mann und die Frau wollten gerne
so ein Kind adoptieren.
Leute vom Jugendamt kamen sie besuchen.
Sie wollten sehen, ob es ein Kind
gut bei ihnen haben würde.
Dann mußten der Mann und die Frau sehr
lange warten, bis sie endlich von einem
kleinen Mädchen hörten, das keine Eltern hatte.
Es lebte in einem Kinderheim.
Sofort machten sie sich auf den Weg.
Der Mann und die Frau guckten in
jedes Bett. Und da…

…lag ein kleines Mädchen
mit Stupsnase und…

…ein Junge
mit Strubbelhaaren…

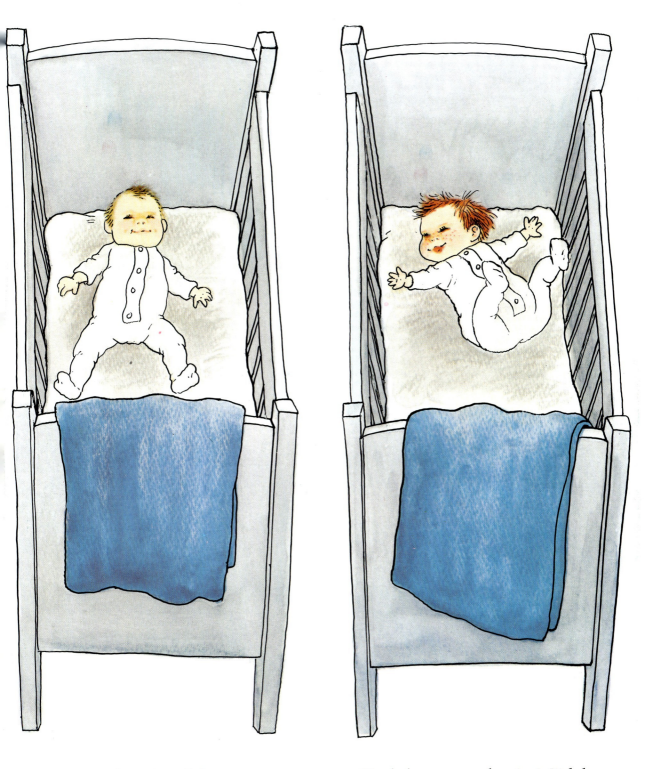

…und ein Mädchen
mit Lachgrübchen.

Und dann war da ein Mädchen
mit roten Haaren
und vielen Sommersprossen.

Das kleine Mädchen
mit den roten Haaren
und den Sommersprossen
lachte den Mann und die Frau an,
und sie lachten das kleine Mädchen an.
Sie hatten einander sofort gern.
Es war das kleine Mädchen,
dessen Eltern sie werden sollten.

Eines Tages war es soweit.
Sie durften das kleine Mädchen
zu sich nach Hause holen.
Und sie durften es behalten.
Für immer!

Sie nannten das kleine Mädchen Tine.
Sie legten Tine in eine Wiege.
Sie bekam eine Klapper,
mit der sie klappern konnte,
und einen Teddy,
der bei ihr schlief.
Und viele andere Spielsachen.

Nun ist es schon lange her,
seit Tine zu ihrem neuen Papa
und ihrer neuen Mama gekommen ist.

Eines Tages saß Tine mit ihrer
Mama im Garten.
Sie spielten mit Tips und Taps,
die vor einiger Zeit Junge bekommen hatten.
„Mama", fragte Tine,
„wie war das noch, warum bin ich
nicht in deinem Bauch gewesen?"

Mama gab Tine
einen Kuß mitten auf die Sommersprossen und sagte:
„Weil du zuerst im Bauch
von deiner ersten Mama gewachsen bist.
Dann bist du zu uns gekommen.
Papa und ich waren sehr froh,
daß wir gerade dich adoptieren durften."

Tine dachte ein bißchen nach.
Dann fragte sie:
„Und warum hat mich meine erste Mama nicht behalten?"
„Ich weiß es nicht", antwortete
Tines Mama. „Ich kenne sie nicht, aber
ich bin sicher, daß sie sehr traurig war,
weil sie dich nicht behalten konnte.
Bestimmt hat sie sich gefreut,
als sie erfuhr, daß du eine neue
Mama und einen neuen Papa bekommen hast."

Jetzt ist Tine groß.
Sie geht schon zur Schule
und hat viele Freunde und Freundinnen.
Ein Mädchen mit roten Backen,
einen Jungen mit Ohren,
die ein bißchen abstehen,
einen Jungen mit dunkler Haut,
und dann sind da noch die Zwillinge
mit den schrägen Augen.

Wenn die Lehrerin die Kinder fragt,
ob sie eine Geschichte erzählen möchten,
dann erzählt Tine die Geschichte,
wie sie adoptiert wurde.
Alle Kinder in der Klasse finden,
daß es eine spannende Geschichte ist.
Findest du das nicht auch?

Eine Auswahl schönster Bilderbücher aus deutschen und ausländischen Verlagen oder extra für diese Reihe gemalt.

Ravensburger Bilderbücher
Preiswerte Reihe

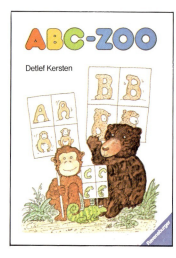

Aliki
Wir bleiben Freunde

John Burningham
Borka
Simp, der Hund, den niemand wollte

Vera Croxford
Mein Tierbilderbuch

Philippe Fix
Riesen sind nur halb so groß

Lilo Fromm
Der Eisenhans
Sechse kommen durch die ganze Welt

Gunilla Hansson
Nina

Helme Heine
Der Superhase
Flieg Schuppe flieg

Judith Kerr
Mog der vergeßliche Kater
Mog und das Baby
Mog feiert Weihnachten
Ein Tiger kommt zum Tee

Detlef Kersten
ABC-Zoo

Ursula Kirchberg
Selim und Susanne

Susanne Kübler
Muggel, Max und Kater Kit

S. Lemke/M. Pricken
Im alten Garten wird gebaut

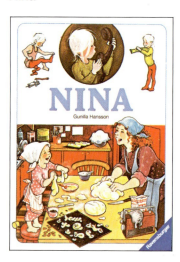

Ali Mitgutsch
Warum macht Herr Kringel nicht mit?

Gerhard Oberländer,
Die Heinzelmännchen

Winfried Opgenoorth & Mira Lobe
Hokuspokus in der Nacht
Es ging ein Schneemann durch das Land

Rolf & Margret Rettich
Hier kommen die Radieschen
Kennst du Robert?
Die Geschichte vom Wasserfall

Svend Otto S.
Das tapfere Schneiderlein
Der Wolf und die sieben Geißlein
Der gestiefelte Kater
Schneewittchen

Eva Scherbarth
Auf der Straße ist was los

Wilhelm Schlote
Der Bär im Boot

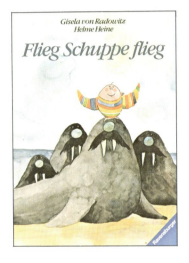

Gräfin S. Schönfeldt (Hrsg.)
Das Bilderbuch zur Osterzeit

Max Velthuijs
A ist der Affe
Der Junge und der Drachen

Robin & Jocelyn Wild
1, 2, 3 – Bären sind im Haus

Ilon Wikland
Wie Tine ihre Eltern bekam

Brian Wildsmith
Die kleine Wildente

Józef Wilkoń
Die Löwenkinder

Veronika Zacharias
Wenn es regnet lacht mein Schirm

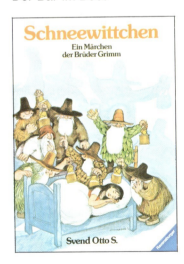

4 3 2 1   88 87 86 85
Erstmals 1985 in den Ravensburger Bilderbüchern – Preiswerte Reihe
Lizenzausgabe mit Genehmigung des Verlages Forum, Kopenhagen
© Text: Malene Schwartz 1982
© Illustration: Ilon Wikland 1982
Originaltitel der dänischen Ausgabe: Mor, er du min mor?
Umschlaggestaltung: Kirsch & Korn, Tettnang, unter Verwendung des Originalbildes
Redaktion: Gerlinde Wiencirz
Alle Rechte dieser Ausgabe vorbehalten durch Otto Maier Verlag Ravensburg
Printed in Italy · ISBN 3-473-33688-2